Mi clase hace una bandera

Fragmentar el problema

I0901560

Corina Jeffries

COMPUTACIÓN CIENTÍFICA EN EL MUNDO REAL™

Rosen Classroom™

Mi clase hace una bandera estadounidense.

Necesitamos pintura.

Nuestra maestra nos da pintura.

Podemos pintar esta pared.

Algunos pintan las barras rojas.
Otros pintan las barras blancas.

Unos pintan un rectángulo azul.
Otros pintan las estrellas blancas.

¡La bandera es parte de nuestra escuela!

Palabras que debes aprender

(la) bandera

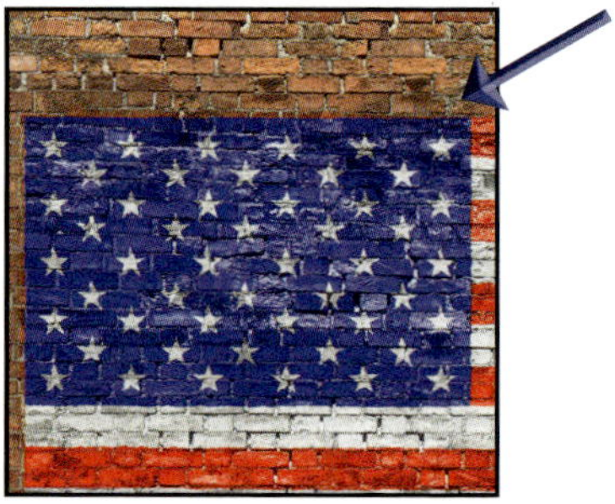

(el) rectángulo

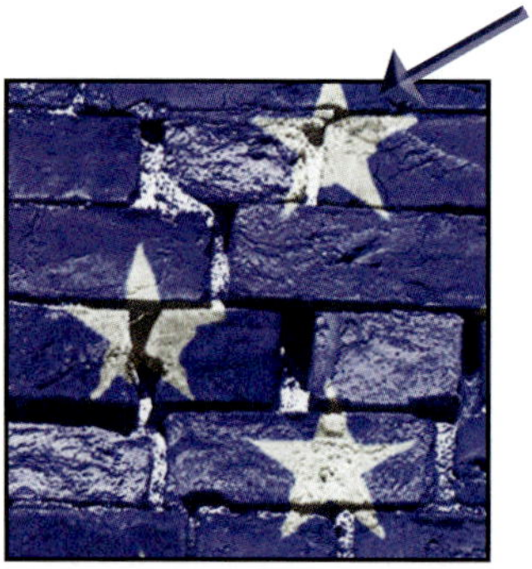

(la) estrella

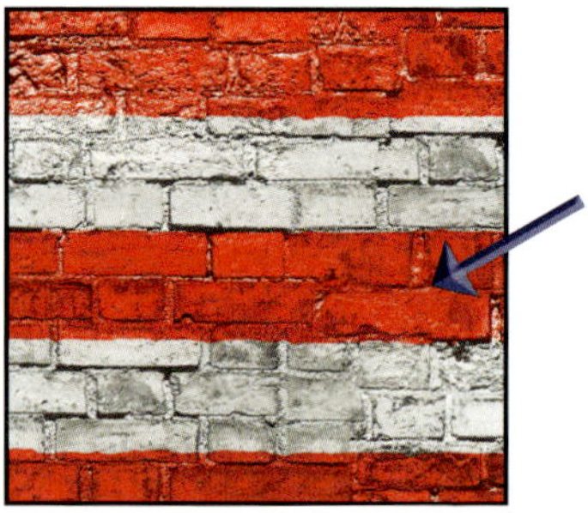

(la) barra